BEI GRIN MACHT SICH IHR WISSEN BEZAHLT

- Wir veröffentlichen Ihre Hausarbeit,
  Bachelor- und Masterarbeit

- Ihr eigenes eBook und Buch -
  weltweit in allen wichtigen Shops

- Verdienen Sie an jedem Verkauf

Jetzt bei www.GRIN.com hochladen
und kostenlos publizieren

Der Ausstellungscharakter im Computerspiel "The Stanley Parable"

Annika Hynek

GRIN 😀

Bibliografische Information der Deutschen Nationalbibliothek:

Die Deutsche Nationalbibliothek verzeichnet diese Publikation in der Deutschen Nationalbibliografie; detaillierte bibliografische Daten sind im Internet über http://dnb.d-nb.de abrufbar.

ISBN: 9783346714695
Dieses Buch ist auch als E-Book erhältlich.

© GRIN Publishing GmbH
Nymphenburger Straße 86
80636 München

Druck und Bindung: Books on Demand GmbH, Norderstedt Germany
Gedruckt auf säurefreiem Papier aus verantwortungsvollen Quellen

Das vorliegende Werk wurde sorgfältig erarbeitet. Dennoch übernehmen Autoren und Verlag für die Richtigkeit von Angaben, Hinweisen, Links und Ratschlägen sowie eventuelle Druckfehler keine Haftung.

Das Buch bei GRIN: https://www.grin.com/document/1268774

Universität zu Köln
Institut für Medienkultur und Theater

Schwerpunktmodul 1: Medienkultur
Seminar: Medientheorie
Game Art und Art Games
Wintersemester 2020/21

Der Ausstellungscharakter im Computerspiel
The Stanley Parable

von
Annika Hynek

2-Fach-Master: Medienkulturwissenschaft,
Deutsche Sprache und Literatur
3. Fachsemester

Inhaltsverzeichnis

1. Einleitung

Ausstellungen über Videospiele stehen oftmals vor dem Problem, geeignete Ausstellungsformen und -objekte zu finden, die dem ausgestellten Medium gerecht werden. Das liegt vor
allem an einer Eigenschaft von Computerspielen, die Britta Neitzel beschreibt: „Ein Spiel
muss gespielt werden, um ein Spiel zu sein. Und es ist nur so lange ein Spiel, wie es gespielt
wird, ansonsten verbleibt es ein Regelwerk oder eine Handlungsanweisung" (2008, 99). Obwohl interaktive Ausstellungen heutzutage keine Seltenheit mehr sind, stellen der technische
und zeitliche Aufwand, der zum Spielen von Computerspielen notwendig ist, Herausforderungen für Kurator*innen dar. Bevor Videospiele in Museen Einzug hielten, mussten sie sich
jedoch zunächst als ausstellungswürdige Objekte behaupten. Im Zusammenhang mit Ausstellungen über Videospiele wird meist auch die Frage nach dem Kunststatus derselben auf-
geworfen. Thomas Hensel geht dieser Frage in seinem Aufsatz *Kunst* nach, deren Beantwor-
tung vom umstrittenen Verständnis des Konzepts der ‚Kunst' selbst abhänge (2018, 380).
Dafür untersucht er, ob verschiedene Kunst-Definitionen auf das Medium Computerspiel
zutreffen können (380-383). „Wie dispers der Kunstbegriff bezogen auf Computerspiele ge-
braucht wird, zeigen die immer zahlreicher werdenden Ausstellungen, die seit den 1990er
Jahren Computerspiele als eine wie auch immer geartete artistische Praxis denken" (379).
Nach kunstphilosophischen Argumenten könne ein Computerspiel nur als Kunstform betrachtet werden, wenn es einer Definition von Kunstformen entspreche (380).

> Das relativ junge Phänomen Computerspiel kennt noch keine gemeinhin und einhellig als ‚Kunst'
> kanonisierten paradigmatischen Fälle, anhand derer der Begriff ‚Kunstwerk' erlernt und erweitert
> werden könnte. Es gibt, anders gesagt, noch keine Kompetenz für ein Sprechen mittels eines für Com-
> puterspiele gültigen Kunstbegriffs. (380)

Naskali, Saarikoski und Suominen argumentieren, dass das Ausstellungsdesign und die Art
und Weise der Platzierung der Objekte ebenfalls dazu beitragen, ob Videospiele als Kunst-
werke wahrgenommen werden (2013, 237).

Zusammenhänge zwischen Museen und Ausstellungen gibt es jedoch auch unabhän-
gig von der Frage nach dem Kunststatus. Nicole Carpenter vertritt in einem Beitrag auf der
Gaming-Website Polygon die Meinung, dass die meisten Videospiele aufgrund ihres Samm-
lungsaspekts Eigenschaften von Museen aufweisen (2021). Sie bezieht sich auch auf Museen, die innerhalb von Computerspielen dargestellt werden: „video games *are* museums,
and the museums in these games are reflections of the games they're in" (ebd.). Diese Aussage findet sich im Museumslevel des Computerspiels *The Stanley Parable* (Galactic Cafe
2013) bestätigt. *The Stanley Parable* wurde von Davey Wreden und William Pugh entwi-

ckelt und enthält Sprachaufnahmen von Kevan Brighting und Lesley Staples. Das Spiel erzählt die Geschichte des Büroangestellten Stanley, der in einem großem Bürokomplex ar-
beitet und eines Tages feststellt, dass er keine Arbeitsanweisungen mehr über den Computer
erhält und seine Kolleg*innen verschwunden sind. Die Spieler*in spielt Stanley aus der Ego-
perspektive und kann mit ihm das verwinkelte und verlassene Bürogebäude erkunden. Begleitet wird die Spieler*in von den Kommentaren eines namenlosen Erzählers, der nicht kör-
perlich zu sehen ist, jedoch trotzdem homodiegetische Tendenzen aufweist (Backe, Thon
2019, 11). Interessant bei dem Spiel ist die Möglichkeit, den Wegvorgaben des Erzählers zu
widersprechen, indem alternative Pfade gegangen werden können, und somit von der linearen Erzählung abzuweichen. So kann man insgesamt dreizehn ‚harte Enden‘ und neun
‚endähnliche Ergebnisse‘ erreichen (9). Auf einem dieser Wege kann die Spieler*in auch zu
einem Museumslevel gelangen, in dem Elemente aus dem Spiel *The Stanley Parable* ausgestellt sind. Die metareferenziellen Spielereien und selbstreflexiven Momente des Spiels ver-
anlasst Bradley J. Fest dazu, *The Stanley Parable* als ein Videospiel über Videospiele zu
bezeichnen (2016, 1). An diese Bezeichnung anknüpfend soll die vorliegende Arbeit unter-
suchen, ob *The Stanley Parable* als eine Ausstellung über Videospiele verstanden werden
kann. Die These ist hierbei, dass die Selbstreflexivität des Spiels einen Ausstellungscharakter erzeugt und das zentrale Thema bzw. die Fragestellung dieser Ausstellung die Entscheidungsfreiheit von Spieler*innen in Videospielen ist.

Zunächst wird ein Überblick über Museen und Ausstellungen im zeitgenössischen
Kontext und verschiedene Ausstellungsformen gegeben. Daran anknüpfend wird auf museale Ausstellungen von Videospielen sowie Museen innerhalb von Videospielen eingegan-
gen. Anschließend soll der Ausstellungscharakter des Spiels *The Stanley Parable* untersucht
werden, wobei auch die Darstellung des In-Game-Museums analysiert wird.

2. Museum und Ausstellung im zeitgenössischen Kontext

> Heute ist das Museum mehr als ein Lernort und zugleich mehr als ein Gedächtnisort. Das Museum
> von heute ist vielfach ein Freiraum, ein Erfahrungsraum, ein Denkraum, ein Ort für Gespräche und
> gemeinsame Erlebnisse; ein Ort der sinnlichen Erfahrung und ein öffentlicher Ort, an dem Werbebot-
> schaften keine (alles überlagernde) Rolle spielen, und (häufig) ein Ort, in dem die Gegenwart gesucht
> wird. (Staupe 2012, 12)

Das institutionalisierte Museum in seiner heutigen Form besteht seit über 200 Jahren und
fungiert als kultureller Gedächtnisspeicher (Waidacher 2005, 14 f.). Museen werden in un-
serem heutigen Verständnis immer wieder vordergründig mit dem Aspekt des Sammelns

und Ausstellens in Verbindung gebracht. Aber „eine Ausstellung findet nicht notwendigerweise im Museum statt, und eine Sammlung muss kein Museum sein" (Heesen 2012, 19). Obwohl die Begriffe Museum und Ausstellung immer wieder synonym verwendet werden, sind sie „zwei verschiedene Präsentationsformen, [...] die erst zu Beginn des 20. Jahrhunderts zueinanderfanden" (14). Ein grundsätzliches Wesensmerkmal einer Ausstellung ist die Loslösung von räumlichen Festschreibungen, während sich das Museum in der heutigen Zeit durch seine räumliche Beständigkeit auszeichnet (15). Die Bindung musealer Ausstellungen an konkrete Orte und Zeiten erzeugt eine Distanz zu den ausgestellten Objekten und vermittelten Inhalten: „Sie widmen sich dem Verbinden von zeitlich und/oder räumlich weit Entferntem sowie dem Konstruieren und Verfremden von Situationen und Kontexten" (Scholze 2004, 270). Laut Gisela Staupe bilden Museum und Gegenwart jedoch inzwischen keinen Gegensatz mehr, da sich eine starke „Tendenz zur Musealisierung der Gegenwart beobachten lässt" (2012, 8).

Jana Scholze untersuchte 2004 Präsentationsformen von Ausstellungen im musealen Kontext. Sie versteht Ausstellungen als Orte, an denen „Signifikations- und Kommunikationsprozesse stattfinden. [...] Dort machen Ausstellungsbesucher Erfahrungen und sammeln Erkenntnisse, die idealerweise mit den zu vermittelnden Inhalten übereinstimmen." (Scholze 2004, 12 f.). Zudem sei die Ausstellung ein Medium, das sich Museen für ihre Präsenz in der Öffentlichkeit zu Nutze machen (267). Neben materiellen Gegenständen, die durch Wertzuschreibungen innerhalb einer musealen Ausstellung zu Museumsobjekten werden, werden inzwischen auch weniger fassbare Objekte in Ausstellungen präsentiert (15-17). Diese bezeichnet Scholze als „Objekte der mentalen Kultur" (16) und nennt als Beispiele „individuelle[...] Geschichten, Erinnerungen, Traditionen und Rituale[...]" (16 f.). Zudem könne bei Ausstellungen auch ein ästhetisches Erleben im Vordergrund stehen (18). Das führt unter anderem dazu, dass Museumsobjekte „aus ihrem ursprünglichen Zusammenhang herausgerissen" (Vieregg 2006, 47) werden und im Museum „die Objekteigenschaft des Verweisens auf abstrakte oder ferne Realitäten über die Gebrauchsfunktion [dominiert]" (Scholze 2004, 18 f.).

> Die Ausstellung macht Objekte einzigartig, die einst nur eine Sache unter vielen waren, enthebt die Dinge ihrer Gebrauchsfunktion, um sie als Gegenstände der Reflexion zu nutzen, und überführt die Objekte vom privaten, kommunikativen ins öffentliche, kulturelle Gedächtnis. (Thiemeyer 2012, 53)

Diese Vorstellung gründet auf Krzysztof Pomians Semiophorentheorie (1987). Als Semiophoren werden Objekte bezeichnet, deren ursprünglicher Gebrauchswert durch eine symbolische Bedeutung ersetzt wurde, wodurch Gegenwart und Vergangenheit miteinander in Verbindung gebracht werden (Thiemeyer 2012, 54). Der angenommene Ausstellungscharakter bei *The Stanley Parable* wird jedoch im Prozess des Spielens selbst offensichtlich. Wenn auf diese Weise Prozesse und Eigenschaften von Videogames ausgestellt werden, bleiben diese Ausstellungsobjekte in ihrem ursprünglichen Nutzungszusammenhang, da sie im Kontext des ausgestellten Mediums selbst ausgestellt werden. Auf diese Weise, so die Annahme, wird die Selbstreflexion zum entscheidenden Element dieser Ausstellung.

Gisela Staupe beschreibt Museen als Orte der gesellschaftlichen Selbstreflexion, die ein kulturelles Gedächtnis bewahren (2012, 8). Auch die Ergebnisse einer breit angelegten Studie, bei der Museums-Besucher*innen befragt wurden, deuten auf den selbstreflexiven Charakter einer musealen Ausstellung hin: Besucher*innen beschreiben den „Museumsbesuch [als] Anlass zur „Innenschau", zum Nachdenken über sich selbst, zum Imaginieren, zum Rückerinnern an persönliche Erlebnisse und Erfahrungen" (Schwan 2012, 46). Daher kritisiert Nicola Lepp die Reduzierung von Objekten, Installationen oder Inszenierungen bei vielen Ausstellungen auf ihren Wert als bloße Zeichenträger, da sie auf diese Weise für etwas anderes als sich selbst stehen (2012, 60). Insbesondere durch vorgegebene Informationen und Rezeptionsangebote würden die Objekte selbst oft stumm bleiben und die eigene Interpretation der Besucher*innen werde nicht mehr angeregt (62). Die Aufgabe von Kurator*innen bestehe daher darin, Thesen anzubieten, die zur Diskussion bereitstehen und dabei die persönlichen Erfahrungen und Auffassungen der Besucher*innen nicht in den Hintergrund drängen (64). Wissensvermittlung soll dabei als ein performativer Akt verstanden werden, der die Besucher*innen involviert und im besten Falle einen Dialog zwischen den ausgestellten Objekten und den Rezipient*innen herstellt (ebd.). Damit schreibt sie die Deutungsmacht den Besucher*innen zu und eröffnet die Möglichkeit zur Mündigkeit und Selbstermächtigung (ebd.). In diesem Zusammenhang wird auch das Potenzial einer Ausstellung als Erlebnisraum, bei der die Mitgestaltung der Besucher*innen gefordert sein sollte, wie Angeli Sachs es beschreibt (2017, 16), erkennbar. Dieses Potenzial tragen jedoch nicht nur Ausstellungen, sondern insbesondere auch Videospiele in sich, worin eine große Gemeinsamkeit der beiden Medien zu erkennen ist.

2.1 Ausstellungsformen

Um in der Analyse auf die verschiedenen Ausstellungsformen eingehen zu können, sollen an dieser Stelle verschiedene Präsentationsformen von Ausstellungen umrissen werden. Für die Unterscheidung der Präsentationsformen in kulturhistorischen Museen bietet Scholze vier Modelle an, mit dem Hinweis, dass die meisten Ausstellungen Mischformen darstellen (2004, 29). Sie bezeichnet die Modelle als Klassifikation, Chronologie, Inszenierung und

Komposition (27 f.). Für die Analyse des Ausstellungscharakters in *The Stanley Parable* sind vor allem die Definitionen der Inszenierung und der Komposition interessant. Bei einer Inszenierung sollen

> entgegen einer intellektuellen bzw. Wissen voraussetztenden [sic!] oder Informationen als Daten und Fakten liefernden Präsentation [...] diese mehr oder weniger naturalistischen Rekonstruktionen mittels sinnlichem Erleben und Wahrnehmen das Vergangene oder Fremde vorstellbar machen und vermitteln (28).

Ausstellungsobjekte werden dabei in szenischen Raumarrangements präsentiert, die die örtlichen, zeitlichen und kontextuellen Beziehungen in Szene setzen (ebd.). Bei der Komposition wird

> die Sammlungsordnung [...] als netzartige Struktur verstanden, deren Verbindungen immer wieder aufgelöst und neu erstellt werden. Die Polysemie der gesammelten Objekte ist ernst genommen und führt zu scheinbar unendlichen Kombinations- und Bedeutungsmöglichkeiten. In den Ausstellungen werden konsequenterweise auch alle Präsentationsmittel sowie der Raum in das Spiel mit Zuweisungen und Deutungen einbezogen. Die Folge sind assoziationsreiche Raumgestaltungen, welche nicht vordergründig die ausgewählten Objektbeziehungen thematisieren, sondern mittels dieser auf abstrakte Inhalte verweisen bzw. diese problematisieren. (Scholze 2004, 28)

Friedrich Waidacher stellt unter anderem die Ausstellungsarten nach Shettel vor, der zwischen intrinsisch interessanten, primär ästhetischen und instruktiven Ausstellungen unterscheidet (Waidacher 2005, 146). Die intrinsisch interessante Form enthalte eine wichtige Botschaft und werde somit durch sich selbst effektiv und anziehend, während die primär ästhetische Ausstellung das Schönheitsbedürfnis mit Kunst- oder Naturobjekten anspreche sowie ein emotionales Erlebnis erzeuge. Die instruktiven Ausstellungen dagegen erzählen eine Geschichte und „befriedigen das Bedürfnis des Menschen nach Erkenntnis, Verstehen, Sinnerfassung und Orientierung" (ebd.). Darüber hinaus stellt Waidacher die Unterscheidung der Präsentationsformen von Beneš vor: Dieser differenziert zwischen der informativen Ausstellung, welche Bildung und Erkenntnisse vermittele, der formativen Ausstellung, die auf ein emotionales Erleben ausgerichtet sei und der rekreativen Ausstellung, welche Unterhaltung ohne Bildungsabsichten zum Ziel habe (ebd.). Die verschiedenen Ausstellungsformen nach B. F. Charles dagegen benennen laut Waidacher die objektzentrierte Ausstellung, die einzelne Objekte mit wenigen Informationsangeboten in den Vordergrund stellt sowie die dynamisch aktive Ausstellung, die große Informationstafeln und mediale Formen zum Selbstbedienen anbietet und die kombinierte Ausstellungsform, deren Hauptelement das Thema ist und die sowohl Objekte als auch die Kommunikation durch verschiedene Hilfsmittel in den Vordergrund stellt (147 f.). Als relevante Gestaltungsmittel nennt Waidacher beispielsweise Licht, Farben, Raum, Anordnung, Bewegung und Texte (163-173). Bei der Analyse des In-Game-Museums und des Ausstellungscharakters im Computerspiel *The Stanley Parable* sollen die genannten Kriterien untersucht werden.

2.2 Videospiele in Museen

Der historische Wert von Videospielen wurde inzwischen auch auf institutioneller Ebene wahrgenommen, was sich an einer wachsenden Anzahl von Ausstellungen über Spiele zeigt (Naskali, Saarikoski, Suominen 2013, 227). Laut Derkjan Koning sind Videospiele sowohl wegen ihres ästhetischen Gehalts als auch wegen ihres Beitrags zur kulturellen Entwicklung für museale Ausstellungen interessant und wichtig (2014, 18 f.). 2012 gab das Museum of Modern Art in New York bekannt, Videospiele in seine Sammlung zu integrieren, wodurch sie als eine neue Kunstform „zum Kanon der Kunstgeschichte gezählt werden" (Hensel 2017, 92). Computerspiele im Kontext von (musealen) Ausstellungen sind somit zwar ein relativ neues Phänomen, jedoch nicht so selten wie man annehmen könnte.

> Because of popularity, nostalgia and the fact that researchers and heritage institutions have gradually started to take notice games as a part of cultural heritage, it is tempting to use them in exhibition attractions and at least drawing cards, as a means for attracting new visitors to the museums. Even though since the late 1990s some specialised game museums have been established (such as in Berlin, 1997), digital games have more commonly been presented in temporary and, in some cases, traveling exhibitions. (Naskali, Saarikoski, Suominen 2013, 227)

Das Kuratieren einer Sammlung von Videospielen stellt Museen und Ausstellungen jedoch auch vor neue Herausforderungen und Schwierigkeiten: „Until recently there has been considerable resistance amongst institutions to embracing an art form that is poorly understood, difficult to collect, and not associated with existing museum expertise or audiences" (Stuckey et al. 2015). Museen können die kulturelle Bedeutung von Computerspielen jedoch nicht mehr ignorieren und müssen sich den Herausforderungen stellen, die ihnen das Medium stellt (ebd.). Die Orte, an denen digitale Spiele ausgestellt wurden, reichen von historischen Museen über Kunstmuseen, Museen für Fotografie bis hin zu Museen für Medien und Kommunikation (Naskali, Saarikoski, Suominen 2013, 229). Die Präsentationsformen der Ausstellungen können sowohl objektorientiert als auch konzeptorientiert sein, Naskali, Saarikoski und Suominen halten jedoch eine Kombination der beiden Ausstellungsformen am sinnvollsten, um Computerspiele auszustellen (233).

Dabei bleibt jedoch zu bedenken: „The gap between the disciplines of game design and museum practice is one that is not easily bridged" (Koning 2014, 3). Beispielsweise das spielerische Moment selbst auszustellen, führt zu einigen Schwierigkeiten und Herausforderungen bei diesen Ausstellungsarten. Viele Spieleausstellungen bieten die Möglichkeit, „to play games with an emulator or with another platform. In some cases, there are also possibilities for playing games on their original digital platforms, which makes the experience more real" (232). Eine Schwierigkeit des Spielens von Videospielen in Museen sei der damit verbundene zeitliche Aufwand: „Because videogames need the element of interaction in order to develop their narrative, they become, at least in most cases, too time consuming for visitors to experience in a museum exhibition" (Koning 2014, 19). Das Problem zeige sich auch bei Messen und Spielekongressen, auf denen Entwickler*innen neue Spiele vorstellen. Die Besucher*innen werden meist eingeladen, Demoversionen zu spielen, was zu langen Schlangen und einer hohen Wartezeit führe (ebd.). Die Anzahl der Personen, die im Museum ein ganzes Spiel spielen könnten, wäre daher stark begrenzt (ebd.). Eine authentische Spieleerfahrung können die Ausstellungen jedoch auch aus anderen Gründen meist nicht erzeugen:

> James Newman (2012) has recently […] noted that the playing experience, quite obviously, always differs from the original – even if there has been any sort of original playing experience, because games have originally been released for many different platforms and they have been played with various user interfaces e.g. VDUs and so forth. (ebd.)

Die Darstellung eines Museums innerhalb eines Computerspiels ist daher eine interessante Art und Weise, das Medium Ausstellung mit einer authentischen Spieleerfahrung in Verbindung zu bringen.

2.3 Museen in Videospielen

Nicole Carpenter veröffentlichte im Januar 2021 einen Artikel auf Polygon, in dem sie die Meinung vertritt, dass es einen grundsätzlichen Zusammenhang zwischen Museen und Videospielen gibt, da Videospiele selbst Eigenschaften von Museen aufweisen würden. „Most video games are built as museums to themselves – inside the menus and beyond the stories are collections of items and lore. […] These museums are based in code. Each is an abstract retelling of the player's journey thus far" (Carpenter 2021). Sie sieht die Gemeinsamkeiten von Museen und Videospielen vor allem im Aspekt des Sammelns. Weitere Gemeinsamkeiten der beiden Formate sind im Storytelling und Design, also in der Notwendigkeit zu erkennen, (virtuell) begehbare Räume zu schaffen, in denen eine Geschichte angesiedelt und erzählt werden kann (Modena 2019, 84). Die Sammel-Aktivität in Videospielen sei oftmals eine optionale Aktivität in der Spielwelt, die im Ansammeln von Objekten, Ressourcen, aber auch Orten und Aktivitäten bestehe (85).

In manchen Spielen werden die gesammelten Objekte auch in In-Game-Museums aufbewahrt und ausgestellt, oder aber die gezeigte Ausstellung bezieht sich in anderer Weise auf das Videospiel: „Video game designers keep coming back to the museum as an interesting space to place integral moments of a game's story, because these spaces reflect the core concept of video games" (Carpenter 2021). Eine Verflechtung von Museum und Videospiel entstehe außerdem dadurch, dass Museen innerhalb von Videospielen bedeutungsstiftend sind, während Museen wiederum Videospiele verwenden, um neue Erfahrungen in einem digitalen Raum zu schaffen und dabei selbst in virtuelle Welten Einzug halten (ebd.).

We see video games reflected in museums and museums reflected in video games because the format just fits, tapping into the satisfaction of collection, information, and nostalgia. It makes sense for a game to leverage that feeling, and it's why museum levels feel so good to play. Video games have long pulled from museums for inspiration and design, and it's fascinating to see museums now learning from games. (ebd.)

Interessant hierbei ist zudem, dass die Darstellungen von Museen in verschiedenen medialen Formaten wie Filmen und Videospielen unsere Vorstellung eines Museums maßgeblich prägen (Modena 2019, 86). Videospiele interpretieren und nutzen das Museum mit seinen spezifischen medialen Merkmalen wie beispielsweise der Möglichkeit, eine immersive Interaktion mit erkundbaren virtuellen Umgebungen anzubieten (ebd.).

3. Selbstreflexivität als Ausstellungsform in *The Stanley Parable*

Das Computerspiel *The Stanley Parable* zeichnet sich stark durch seine metareferenziellen Bezüge und Selbstreflexivität aus. Es offenbart „a complex, historically self-aware metafiction that dwells critically on the generic, formal, and cultural conventions of videogames" (Fest 2016, 2). Ursprünglich wurde das Spiel 2011 als Modifikation für den Ego-Shooter Half-Life 2 (2004) herausgegeben, danach wurde es neu entwickelt und im Jahr 2013 über Steam Greenlight veröffentlicht (Backe, Thon 2019, 8). Während *The Stanley Parable* eine hochgradig nichtlineare Anordnung von Geschichten über den Büroangestellten Stanley erzähle, sei das audiovisuelle Design und die Spielmechanik des Computerspiels vergleichsweise sehr stromlinienförmig (ebd.). Das einfache Gameplay entspreche in vielen Punkten einem ‚Walking Simulator', da es sich sehr reduziert gestalte und die Spieler*in bis auf wenige Interaktionen mit Objekten nur in den Spielräumen herumlaufen könne (ebd.). Gespielt wird aus der Ego-Perspektive, es sind jedoch keine Körperteile des Avatars Stanley zu sehen. Unter den dreizehn ‚hard endings' und neun ‚ending-like outcomes' verlange das sogenannte ‚Freedom-Ending' die normativste Spielweise, da die Spieler*in allen Vorgaben des Erzählers Folge leisten muss, um dieses Ende zu erreichen (9). Dennoch machen alle Enden laut Backe und Thon deutlich, dass *The Stanley Parable* ein Videospiel über Videospiele sei (ebd.), was in seiner Aussage bereits einen Ausstellungscharakter impliziert. Dieser und die damit zusammenhängende Eigenschaft als Videospiel über Videospiele wird durch selbstreflexive Momente markiert. In diesen macht das Spiel beispielsweise auf sich selbst als Videospiel aufmerksam, es werden bestimmte Spielweisen offen dargelegt oder die Spieler*in

wird direkt vom Erzähler angesprochen, der auch ihre Handlungsweisen kommentiert. Die
Möglichkeit, der linearen Spielweise des Spiels entgegen zu handeln und die damit offen-
sichtliche Reflexion der eingeschränkten Handlungs- und Entscheidungsmöglichkeiten in
Videospielen zählt ebenfalls dazu:

> The narrator commonly tells the player that Stanley-the-player-character does things such as entering
> one of two open doors before the player has actually made Stanley-the-avatar do these things – and
> the player can thus generate nonnarratorial gameplay that contradicts the narrator's verbal voice-over
> narration by, for example, making Stanley-the-avatar and thus also Stanley-the-player-character enter
> the other door, leading to the narrator becoming increasingly irritated and passive-aggressive. (10)

Die Reflexion der meist leeren Versprechungen von Handlungs- und Wahlmöglichkeiten in
Videospielen und die Verwischung der Grenzen zwischen der Funktion des sowohl hetero-
als auch homodiegetischen Erzählers und der Funktion des Autors des Spiels bewerten Backe und Thon als Kern des metareferentiellen Spiels von *The Stanley Parable* (ebd.). Insgesamt wird auch immer wieder offen dargelegt, dass die Spieler*in und der Avatar Stanley
nicht untrennbar miteinander verbunden sind, beispielsweise durch den Bruch der vierten
Wand durch den Erzähler. Diese Trennung verschwimmt in vielen Videospielen üblicherweise durch Immersion und verschiedene Involvierungstechniken (Neitzel 2008). Backe und
Thon bezeichnen dies erneut als Verwischung der Grenzen zwischen „Stanley-the-avatar
and Stanley-the-player character [...] but also, and no less saliently, between Stanley-the-
player-character and the player" (2019, 11). Gleichzeitig kann dies jedoch auch als ein Auf-
zeigen der Grenzen bewertet werden, was sich vor allem in einem Ende zeigt, bei dem die
Spieler*in von oben auf die Figur Stanley herabblickt und diesen nicht mehr als Avatar steu-
ern kann. Der Erzähler fleht Stanley an, eine Entscheidung zu treffen und etwas zu tun, die
Figur bleibt jedoch vollkommen unbeweglich. An dieser Stelle wird die Abhängigkeit der
Spieler*in vom Avatar und umgekehrt reflektiert, welche hier notwendig ist, um das Spiel
überhaupt zu spielen. Welche Ausstellungsarten durch die selbstreflexiven Momente in *The
Stanley Parable* entstehen, soll im Folgenden eingehender untersucht werden.

3.1 Das Museum in *The Stanley Parable*

Um zum Museumslevel in *The Stanley Parable* zu gelangen, muss die Spieler*in zunächst
allen Vorgaben des Erzählers Folge leisten. Anstatt jedoch den Raum mit der Beschriftung
‚Mind Control Facility' zu betreten, wie der Erzähler es diktiert, muss die Spieler*in kurz
vor dem Eingang nach links in einen langen, schmalen Gang abbiegen. Hier sind ein Pfeil
und das Wort ‚Escape' zu erkennen, das in roten Großbuchstaben auf die Wand geschrieben

wurde.[1] Von diesem Zeitpunkt an folgt die Spieler*in nicht mehr dem vom Erzähler vorgegebenen Weg. Beim Durchschreiten des Ganges prophezeit der Erzähler, dass Stanley am Ende dieses Weges brutal zu Tode kommen wird und weist daraufhin, dass ein Umkehren noch möglich ist. Diese Möglichkeit stellt eine Besonderheit dar, da Entscheidungen in *The Stanley Parable* üblicherweise endgültig dargestellt werden, indem z.b. Türen den Rückweg verschließen. Am Ende des Ganges steht Stanley schließlich vor einer Mauer in völliger Dunkelheit bis auf eine rote Alarmleuchte. Anschließend ist die Bewegungsfreiheit sehr eingeschränkt und man steuert langsam auf zwei massive Wände zu, die sich immer wieder öffnen und vollständig schließen. Schließlich stoppen die Wände kurz bevor sie die Plattform und Stanley zwischen sich zusammendrücken und eine weibliche Erzählerstimme setzt ein und beschreibt, wie Stanley zwischen den massiven Wänden zu Tode kommt. Ab diesem Zeitpunkt ist die männliche Erzählerstimmte nicht mehr zu hören. Die Wände zerquetschen Stanley jedoch nicht, stattdessen fällt er einige Meter nach unten und die Spieler*in kann sich wieder fortbewegen. Bei zunehmender Bewegung in eine bestimmte Richtung erscheint nach und nach der Schriftzug ,The Stanley Parable' in leuchtend weißen Lettern. Der restliche Raum ist vollkommen dunkel. Sobald der vollständige Titel zu lesen ist, erscheint eine Öffnung, hinter der ein heller weißer Raum mit einem weißen Säulen-Geländer zu erkennen ist. Die weibliche Erzählerinnenstimme spricht währenddessen weiter: „And yet it will be just a few minutes before Stanley would restart the game. Back in his office as alive as ever. What exactly did the narrator think he was going to accomplish?" Und nachdem man den weißen Raum betreten hat: „When every path you can walk has been created for you long in advance, death becomes meaningless making live the same. Do you see now? Do you see that Stanley was already dead from the moment he hit start?" Die Spieler*in wird hier getrennt vom Avatar Stanley angesprochen, wodurch sich das Betreten des Raumes wie eine Loslösung vom Avatar gestaltet. Im Zusammenhang mit dem Text der Erzählerin wirkt der weiße, helle Raum zunächst wie das sprichwörtliche weiße Licht am Ende des Tunnels, auf das ein Mensch im Zeitpunkt seines Todes zusteuert.

Wenn die Spieler*in den Raum betreten hat, schließt sich die Öffnung mit einer weißen Wand, sodass man nicht mehr zurückgehen kann. Die Spieler*in befindet sich jetzt auf einer Empore mit Geländer und großen weißen Säulen, zu deren linker und rechter Seite eine Treppe in den weitläufigen, offenen Raum führt, den man von oben sehen kann.[2] Die offene,

---

[1] Siehe Abbildung 1.
[2] Siehe Abbildung 2.

sterile, komplett in weiß gehaltene Raumgestaltung mit hohen Decken gibt einen ersten Hinweis auf die Darstellung eines Museums. Es sind nun keine Erzähler*innenstimmen mehr zu hören und auch sonst gibt es keine Hinweise darauf, was die Spieler*in an diesem Ort machen soll oder welchen Weg sie gehen soll. Akustisch ist dieses Level mit einem leisen, monotonen Rauschen unterlegt. In dem großen offenen Raum sind bestimmte Gegenstände so platziert, dass sie wie Ausstellungsstücke in einem Museum wirken. Zudem deuten kleine Informationsschilder an den Objekten ebenfalls darauf hin. Das Thema der Ausstellung wurde bereits vor Betreten des Museums mit dem Schriftzug ‚The Stanley Parable‘ verraten. Die Objekte sind mit großen Abständen zueinander im Raum verteilt angeordnet, so dass sich potenzielle Besucher*innen zwischen ihnen frei bewegen können. Beim genaueren Betrachten der Ausstellungsstücke in dem ersten Raum fällt auf, dass es sich um Elemente aus dem Spiel selbst handelt. An einer weißen Wand sind beispielsweise die Bilder, die im Büro an verschiedenen Stellen an den Wänden hängen, ausgestellt. Ein Schild darunter betitelt diese als ‚Nature Paintings‘. Auf einem weißen Sockel ist ‚Stanley's Computer‘ zu sehen, wie das Informationsschild verrät. Relativ zentral ist zudem ein Raummodell des Bürokomplexes aufgebaut, in dem sich Stanley im Spiel befindet.[3] Ein Informationsschild erklärt:

> This blueprint shows the office from the beginning of the game. The path from Stanley's office to the two doors was the first part of the game that was built. Sections have been added and altered throughout development though the core layout remains almost identical to the first iteration.

Der Text, welcher sich explizit auf das Spiel selbst bezieht, verweist darauf, dass wir hier nicht als Stanley, sondern als Spieler*in angesprochen werden. Demzufolge scheint dieser Teil nicht mehr zu der vorherigen Narration zu gehören. Darauf deutet auch die Tatsache hin, dass es keine Erzähler*innenstimme mehr gibt, die Stanleys Handlungen kommentiert oder Aktionen und Wege vorgibt. Die Spieler*in kann die Objekte und Informationsschilder näher betrachten und sich frei in den vorgegebenen Räumen des Museums bewegen. Interaktionen mit den Ausstellungsstücken sind nur begrenzt möglich, wie beispielsweise das Drücken von Knöpfen, woraufhin verschiedene Töne zu hören sind, die eine „selection of button sounds used throughout the game when buttons are pressed" repräsentieren. Die Stille und Sterilität der Räume sowie die Möglichkeit, sich genau umzuschauen und die Ausstellungsobjekte näher zu betrachten, lässt das Gefühl aufkommen, sich tatsächlich in einem digitalen Museumsraum zu befinden. An einer Wand gegenüber der Empore sind drei große weiße Tafeln angebracht, auf denen die Credits aufgeführt sind. Im Zusammenhang mit der musealen Ausstellung sind dies nur weitere Informationstafeln, die die Spieler*in über die

---

[3] Siehe Abbildung 3.

Namen derjenigen unterrichtet, die an der Entwicklung des hier ausgestellten Spiels beteiligt waren. Im Zusammenhang mit dem gespielten Spiel selbst deuten diese Tafeln jedoch darauf hin, ein Ende erreicht zu haben, da die Credits meistens im Abspann aufgeführt werden.

Von diesem ersten großen Raum aus gibt es nun die Möglichkeit rechts oder links weitere Räume zu betreten. Diese Binarität erinnert stark an die typischen binären Entscheidungen zwischen zwei Wegen im Spiel *The Stanley Parable*. Hier schließt sich jedoch keine Tür oder Wand hinter einem, nachdem man sich für einen der Wege entschieden hat, sodass ein Zurückkommen jederzeit möglich ist. Der Weg nach rechts führt in einen großen offenen Flur, von dem aus weitere Wege abzweigen. Zudem sind drei große auffällige Bilder an einer Wand angebracht, die verschiedene Stadien der Entwicklung des Chefbüros zeigen. Beim weiteren Durchschreiten des Museums fällt die labyrinthartige Struktur der Räume und verwinkelten Gänge auf. Das führt dazu, dass man leicht den Überblick darüber verlieren kann, wo man sich befindet und welche Räume man bereits betreten hat. Auffällig ist zudem, dass es keinen erkennbaren roten Faden zu geben scheint, der durch die Ausstellung führt. Die Ausstellungsstücke scheinen daher meist mehr oder weniger zufällig an ihren Plätzen angeordnet zu sein, und stehen bis auf ihre Referenz zum Spiel *The Stanley Parable* in keinem engeren Zusammenhang miteinander.

Trotz der labyrinthartigen Struktur scheint sich ein Rundgang zu ergeben, da man beim Durchschreiten der Räume letztendlich wieder in der großen Halle vom Anfang ankommt. Es gibt keinen offensichtlichen Ausgang, der erreicht wird, nachdem man die gesamte Ausstellung durchlaufen hat. Stattdessen ist mitten in der Ausstellung, neben einem sehr großen Wandbild, das das ‚Freedom-Ending‘ aus dem Spiel zeigt, ein grün leuchtendes Exit-Schild zu finden. Dahinter führt eine Treppe in einen dunklen Raum, in dem wie vor dem Betreten des Museums erneut die weiß leuchtenden Lettern des Titels ‚The Stanley Parable‘ zu erkennen sind. Direkt darunter befindet sich jetzt jedoch ein Schalter, der von ‚on‘ auf ‚off‘ gelegt werden kann. Die Spieler*in hat also bereits nach Durchschreiten eines Teils der Ausstellung die Möglichkeit, das Museum durch den durch Exit markierten Ausgang zu verlassen. Auch hier ist ein Umkehren nach dem Betreten noch möglich. Beim Betreten der Treppe, die auf den On/Off-Schalter zuführt, setzt wieder die weibliche Erzählstimme ein: „Oh look at these two. How they wish to destroy one another. How they wish to control one another. How they both wish to be free." Damit wird ein Zusammenhang zu dem Bild des ‚Freedom-Endings‘ hergestellt. Es wird jedoch nicht näher erklärt, von welchen beiden Personen die Rede ist. Wenn die Spieler*in nahe genug an den Schalter herangetreten ist, verstummt das Hintergrundrauschen, welches einem in den Museumsräumen permanent begleitet hat. Sobald der Schalter auf ‚off' gelegt wird, wird alles schwarz und es setzt wieder die weibliche Erzählstimme ein: „Can you see? Can you see how much they need one another? No, perhaps not. Sometimes these things cannot be seen." Anschließend befindet man sich wieder in der Schwebe und fährt langsam auf die beiden sich öffnenden und schließenden Wände zu und die Erzählerin sagt: „But listen to me. You can still stop the program before they both fail. Push escape and press quit." Diese Aufforderung ist klar an die Spieler*in gerichtet, da nur diese in der Lage ist, den Escape-Knopf zu auf der Tastatur zu drücken. Die letzten Worte der Erzählerin sind: „There's no other way to beat this game. As long as you move foreward you'll be walking someone elses path. Stop now and it will be your only true choice. What ever you do, chose it. Don't let time choose for you, don't let time..." An dieser Stelle erreicht man die massiven Wände der Presse und der Bildschirm wird schwarz. Es passiert nichts weiter, bis man sich dazu entschließt, tatsächlich Escape zu drücken und das Spiel neu zu starten oder zu beenden. Die Narration der Erzählerin, die nach dem Betreten des Museums zunächst verstummt ist, wird beim Verlassen fortgesetzt. Das Museums-Level wirkt daher wie eine Zwischensequenz, die weder kommentiert noch anderweitig in die Narration miteinbezogen wird. Dadurch wird umso deutlicher, dass der Avatar Stanley, der von der Erzählerin bereits vor Betreten des Museums für tot erklärt wurde, hier in den Hintergrund tritt und die Spieler*in beim Erkunden des Museums auf sich allein gestellt ist. Daher können die Worte der Erzählerin über die zwei voneinander abhängigen Figuren als Bezug auf die Avatar-Spieler-Beziehung gedeutet werden. Da die Ausstellung für die Narration des Spiels keine weitere Bedeutung hat, kann sie gesondert davon als eine extradiegetische Ausstellung über das Spiel *The Stanley Parable* verstanden werden. Nur bei Betreten und Verlassen der Ausstellung gibt es durch den Einsatz der Erzählstimme Zusammenhänge zu der vorherigen Narration.

Elisabetta Modena ordnet das Museum in *The Stanley Parable* in ein klassisches Tempel-Museums-Setting aus dem 19. Jahrhundert ein (2019, 91). Die sterilen Räume sind komplett in Weiß gehalten mit hohen Decken, Säulen und breiten Treppen. Obwohl die Gänge recht verwinkelt sind und es auch einige kleinere, versteckte Zimmer gibt, sind die meisten Räume sehr weitläufig und offen, wofür auch die Abwesenheit von jeglichen Türen sorgt. Die Ausstellungsstücke selbst sind Bilder in unterschiedlichen Formaten an den Wänden, die Screenshots aus dem Spiel, verschiedene Entwicklungsstadien der Level oder nicht genutzte Ideen zeigen. Zudem gibt es akustische Installationen sowie Videoprojektionen und dreidimensionale Objekte, die sich als Elemente aus dem Spiel selbst entpuppen. Auch

Raumnachbildungen in verschiedenen Größenordnungen sind in dem Museum zu entdecken. Die meisten Ausstellungsobjekte sind zum Anschauen gedacht, eine Interaktion ist nur sehr begrenzt bei wenigen Objekten möglich. Zu jedem Exponat ist ein Schild mit dem jeweiligen Titel zu entdecken, was darüber aufklärt, in welchem Zusammenhang es mit dem Spiel steht. Bei vielen Objekten sind zudem weitergehende Informationen nachzulesen. Sowohl die Anordnung der Exponate im Raum als auch Präsentation der Informationsschildchen lassen den Schluss zu, dass man sich in einer musealen Ausstellung befindet. Dieses Museum scheint jedoch keiner breiten Öffentlichkeit zugänglich zu sein, da keine anderen Besucher*innen zu sehen sind. Es kann nur von Spieler*innen des Spiels *The Stanley Parable* aufgesucht werden, die sich entschließen, dem Escape-Pfeil zu folgen, anstatt den ‚Mind-Control-Facility-Raum‘ zu betreten. Scholzes Auffassung darüber, dass eine Ausstellung ein Ort sei, an dem Erfahrungen und Erkenntnisse von Besucher*innen gesammelt werden (2004, 12 f.) trifft auf diese Ausstellung über *The Stanley Parable* zu, da die Erfahrung des Spielens von diesem Videospiel hier noch einmal reflektiert wird. Sie kann jedoch nicht als Erlebnisort bezeichnet werden, den die Besucher*innen im besten Fall mitgestalten (Sachs 2017, 16). Letztendlich kann die Spieler*in die Räume nur relativ passiv durchlaufen und auch keine Entscheidungen treffen, die etwas auslösen oder weitergehende Folgen hätten, bis auf das abschließende Verlassen des Museums. Da die Ausstellung als extradiegetisch zu bewerten ist, verrät sie auch keine weiteren Informationen über die Erzählung des Spiels selbst. Stattdessen erhält die Spieler*in Informationen und Eindrücke über die Entwicklung des Spiels und kann sich einige der Gegenstände und Räume aus dem Spiel in einer anderen Umgebung noch einmal anschauen. Ein ‚Stummbleiben‘ der ausgestellten Objekte, wie Nicola Lepp es formuliert (2012, 62), wird dadurch verhindert, dass es keine Erzähler*innenstimme mehr gibt, die einem vorgibt, welchen Weg man durch das Museum gehen soll oder welche Objekte näher zu betrachten sind. So bleibt Raum für die eigenen Interpretationen und Gedanken der Spieler*in, die sich in dem Museum frei bewegen und entscheiden kann, welche Ausstellungsstücke in welcher Reihenfolge betrachtet werden. Die von Waidacher vorgestellten Ausstellungsarten lassen die Einordnung der *The Stanley Parable*-Ausstellung als intrinsisch interessant und instruktiv (2005, 146) zu. Die Ausstellung wird einerseits durch sich selbst und ihre Bedeutung im Zusammenhang mit dem gespielten Spiel interessant. Andererseits liefert sie einen Einblick in die Geschichte der Entwicklung des Spiels, wodurch das Bedürfnis nach Verstehen (zumindest auf einer bestimmten Ebene) gestillt wird. Sie kann zudem als informative (ebd.) und kombinierte Ausstellung (147) bezeichnet werden, bei der nur auf den ersten Blick die Objekte im Mittelpunkt stehen, letzt-endlich jedoch das Thema selbst zum Hauptelement wird. Nach Scholzes Definition der Prä-sentationsformen Klassifikation, Chronologie, Inszenierung und Komposition (2004, 27 f.) weist die Ausstellung hier Eigenschaften einer Komposition und einer Inszenierung auf. Scholze hebt den Ausstellungsraum als zentrales Element der Komposition hervor, der durch seine Gestaltung bestimmte Atmosphären erzeugt und Assoziationen wecken soll (257).

> In den Ausstellungen werden konsequenterweise auch alle Präsentationsmittel sowie der Raum in das Spiel mit Zuweisungen und Deutungen einbezogen. Die Folgen sind assoziationsreiche Raumgestal-tungen, welche nicht vordergründig die ausgewählten Objektbeziehungen thematisieren, sondern mit-tels dieser auf abstrakte Inhalte verweisen bzw. diese problematisieren. (28)

Da die Ausstellung hier auch immer im Zusammenhang mit der Spielerfahrung beim tat-sächlichen Spielen von *The Stanley Parable* betrachtet werden muss, erschließt sich bei-spielsweise die sterile Raumgestaltung und die labyrinthartige, verwinkelte Struktur des Mu-seums als eine Reflexion des Bürokomplexes, in dem die Handlung von *The Stanley Parable* stattfindet. Zugleich stellt der helle, weiße Ort eine Assoziation mit dem Tod her, was wie-derum auf Stanleys Tod hindeutet, der von der Erzählerin zuvor festgestellt wurde. Die Raumgestaltung als klar erkennbares Museum stellt einen Bezug zum Spiel selbst her und verweist auf den Ausstellungscharakter in *The Stanley Parable*. Dieser soll im Folgenden eingehender untersucht werden.

3.2 *The Stanley Parable* als Ausstellung über Videospiele

Der Titel des Computerspiels *The Stanley Parable* verrät bereits, dass die Inhalte der Ge-schichte als Parabel gelesen werden können.

> Der Begriff Parabel (gr. *parabolē*) ist vom griechischen Verb *parabállein* abgeleitet, was *daneben stellen, vergleichen* meint. Verglichen werden in der Parabel zwei ursprünglich unabhängige Größen oder Wirklichkeitsbereiche, die durch bestimmte Merkmale vergleichbar erscheinen. (Erlemann 2020, 26)

Wenn das Spiel als eine Ausstellung über Videospiele verstanden wird, kann die anfängliche Cutscene auf die Weise interpretiert werden, dass die Figur des Büroangestellten Stanley in dieser Parabel für eine Computerspieler*in steht. Das wird unter anderem dadurch deutlich, dass Stanley vor einem Computer sitzend dargestellt wird und somit die Position der Com-puterspieler*in reflektiert.[4] Sein Job, welcher an dieser Stelle für das Computerspiel steht,[5] besteht darin, Knöpfe auf der Tastatur zu drücken. Welche Knöpfe er in welcher Reihenfolge

---

[4] Siehe Abbildung 4.
[5] Oder wie Fest es ausdrückt: „Stanley's job, like his operator, is to play a videogame" (2016, 9).

und wie lange drücken muss, wird ihm durch Anweisungen, die auf dem Bildschirm erscheinen, vorgegeben. Auch diese Beschreibung passt auf die Tätigkeit einer Computerspieler*in. Diese Darstellung spricht der Spieler*in jedoch jegliche Entscheidungsfreiheit ab und wird äußerst negativ bewertet, was an den Aussagen des Erzählers deutlich wird: „and although others might have considered it soul ending, Stanley relished every moment that the orders came in, as though he had been made exactly for this job. And Stanley was happy." Der letzte Satz spricht zudem dafür, dass die Annahme besteht, eine Computerspieler*in gefalle sich in ihrer unmündigen Position und habe keine Ambitionen, sich zu emanzipieren.

Beim Spielen von *The Stanley Parable* fällt auf, dass begrenzte oder vorgegebene Handlungsmöglichkeiten im Computerspiel immer wieder thematisiert werden. Zum einen geschieht dies durch die Aussagen des Erzählers und zum anderen durch die Möglichkeit, der linearen Erzählung entgegen zu handeln. Dieses Thema wird auf verschiedene Weise reflektiert und innerhalb der Erzählstruktur des Spiels offen dargelegt, wodurch auch die Spieler*in animiert wird, eine solche Spielweise zu hinterfragen. Im Sinne einer Ausstellung kann der Erzähler als ein Guide verstanden werden, der die Spieler*in mit seinen Kommentaren durch die Ausstellung führt. Dass bestimmte Enden und Geschichten im Spiel jedoch nur entdeckt werden können, wenn man sich nicht vollständig von diesem Guide leiten lässt, führt zur aktiven Einbindung der Spieler*in bzw. der Ausstellungsbesucher*in in das Ausstellungserlebnis. Der Ausstellungsort wird hierbei zu einem Erlebnis- und Erfahrungsort, den die Besucher*innen aktiv mitgestalten, wie Sachs es fordert (2017, 16). Die Ausstellungsstücke sind jedoch nicht die Räume oder Objekte, die man innerhalb des Computerspiels erkunden kann. Die Spieler*in wird immer wieder vor die Entscheidung gestellt, der Vorgabe des Erzählers zu folgen oder einen alternativen Weg einzuschlagen und diese Wahlmöglichkeiten werden offen reflektiert, kommentiert und in einen allgemeinen Zusammenhang mit dem Medium Computerspiel gestellt. Denn Spieler*innen sind es gewohnt, dass sie in Computerspielen letztendlich nur in vorgegebenen Strukturen handeln können, da

das Spielen keineswegs eine absolute Handlungsfreiheit gewährt, sondern nur Handlungen innerhalb von Begrenzungen zulässt. Die spielerischen Handlungen werden medial geleitet. Das Dispositiv des Computerspiels schreibt dem Spieler/der Spielerin die Position eines Handelnden zu, beschneidet die Handlungsmöglichkeiten jedoch zugleich." (Neitzel 2008, 99 f.)

Auch die Möglichkeiten, bei *The Stanley Parable* entgegen der linearen Erzählung zu spielen, sind letztendlich nur Handlungsmöglichkeiten in vorgegebenen Strukturen. Das wird auch innerhalb der Story reflektiert, beispielsweise durch die ‚Mind-Control-Facility'. Doch hier wird diese Begrenzung der Entscheidungsfreiheit offen kommuniziert und reflektiert, was beispielsweise am ‚Confusion Ending' deutlich wird. Dort werden der Spieler*in alle Wege, die sie gegangen ist, um hierher zu kommen, genau aufgelistet:

> Some of the metareferential commentary that the "Confusion Ending" offers of course yet again aims at the tension between predetermined narrative paths and player choice, with the narrator's prerecorded reactions to the player making Stanley diverge from the supposedly prescripted version of the story further emphasizing that all paths of The Stanley Parable's nonlinear narrative structure are in fact equally preconceived, prescripted, and predetermined by the hypothetical and/or the empirical author collective. (Backe, Thon 2019, 12).

Diese Momente, in denen ein größerer Zusammenhang zum Medium Computerspiel durch die Selbstreflexion des Spiels hergestellt wird, können als die Ausstellungsobjekte der Ausstellung des Spiels *The Stanley Parable* betrachtet werden. Diese abstrakten Momente stellen im Ausstellungskontext ‚Objekte der mentalen Kultur' nach Scholzes Definition (2004, 16) dar. Ein weiteres Beispiel hierfür ist das ‚Games Ending', in welchem die Spieler*in andere Spiele als *The Stanley Parable* spielen kann und diese vom Erzähler nach ihren Möglichkeiten zur Entscheidungsfreiheit mit *The Stanley Parable* verglichen werden.

Das Hauptthema der Ausstellung wird beispielsweise bei dem Ende, zu dem die Spieler*in gelangt, indem sie den Stecker eines klingelnden Telefons zieht, anstatt nach der Anweisung des Erzählers den Hörer abzunehmen, deutlich. Hier wird die Entscheidungsfreiheit einer Computerspieler*in sehr deutlich in den Fokus gerückt. Der Erzähler reagiert auf das Ausstöpseln des Telefons verwirrt und fragt: „no that wasn't supposed to be a choice, how did you do that? You actually chose incorrectly? I didn't even know that was possible." Er bewertet diese Handlung jedoch nicht nur als falsche, sondern anschließend auch als bedeutungsvolle Entscheidung, während alle Entscheidungen im Spiel eigentlich bedeutungslos sein sollten: „None of these decisions were supposed to mean anything. I don't understand. How the hell is it you're making meaningful decisions?" Dies führt ihn zu dem Schluss, es mit einer ‚echten Person' und nicht mit Stanley zu tun zu haben. Die Möglichkeit, bedeutungsvolle Entscheidungen zu treffen, wird hier in direkten Zusammenhang mit der getrennten Betrachtung der Spieler*in vom Avatar gestellt. Dieser Moment wirkt daher wie eine Aufforderung an die Spieler*in, sich von der Darstellung des Avatars Stanley als willenlose Marionette in einem Computerspiel zu emanzipieren. Letztendlich reflektiert jedoch auch diese Sequenz erneut das eigentliche Thema der begrenzten Entscheidungsfreiheiten und vorgegebenen Strukturen in Videospielen. Das wird vor allem daran deutlich, dass von diesem Punkt an die weitere Erzählung dieses Endes nur noch linear laufen kann, da beispielsweise eine Entscheidung für die ‚falsche' Tür nun zu einer Sackgasse führt und die Spieler*in gezwungen ist, umzukehren. Auch das ironisch überspitzte Lehrvideo über freie Entscheidungen trägt zur Hinterfragung der Bewertung des Ausstöpseln des Telefons als bedeutungsvolle Entscheidung bei. Folgt man stattdessen zuvor der Anweisung des Erzählers und hebt den Hörer des Telefons ab, werden der Spieler*in ihre sehr begrenzte Handlungsmöglichkeiten eindrucksvoll vorgeführt. Dies geschieht, indem das Spiel nur fortgesetzt werden kann, wenn bestimmte Befehle, die auf dem Bildschirm erscheinen, befolgt werden, selbst wenn der Erzähler einen auffordert, diesen nicht Folge zu leisten. Diese parodistische Darstellung von Quick-Time-Events stellt eine solche ‚Handlungsmöglichkeit' in Videogames als sinnlos und einschränkend dar. Wie auch beim Museumsende wird die Spieler*in letztendlich subtil darauf hingewiesen, dass nur durch das Beenden des Spiels eine freie Entscheidung möglich ist, die nicht durch die vorgegebenen Strukturen innerhalb des Spiels vorgegeben ist.

Wird das Spiel *The Stanley Parable* also als eine Ausstellung über Videospiele mit dem Fokus auf Entscheidungsfreiheiten in Videospielen gelesen, steht vor allem die Erkenntnisgewinnung der Spieler*in bzw. Besucher*in im Vordergrund. Die Kommentare des Erzählers deuten an, auf welche Weise die ausgestellten Momente innerhalb des Spiels rezipiert werden sollen, regen durch die abstrakte Einbettung in den Kontext der Erzählung jedoch dazu an, sich selbst Gedanken zu machen und zu interpretieren. Dadurch ist Nicola Lepps Kriterium, wonach Ausstellungsobjekte nicht stumm bleiben sollen, indem sie keinen Raum für die Interpretation der Besucher*innen lassen (2012, 62), erfüllt. Die Ausstellung trägt sowohl Elemente einer Inszenierung als auch einer Komposition nach Scholzes Definition (2004, 28) in sich. Als Komposition kann sie wahrgenommen werden, da die labyrinthartige Raumgestaltung, in der die Spieler*in sich bewegt, ein spezifisches Verhalten bzw. Vorgehen der Spieler*in fordert (258). Zudem wird durch die Darstellungsweise der binären Entscheidungsmöglichkeiten in Form von oftmals zwei Türen die begrenzte Entscheidungsfreiheit in Videospielen reflektiert, wodurch die Raumdarstellung keiner Inszenierung gleichkommt, sondern im Sinne der Parabel über Videospiele verstanden werden und Assoziationen wecken soll. Als Inszenierung können dagegen die detailreichen Nachbildungen von anderen Spielen im ‚Games Ending' sowie das Museumslevel verstanden werden, welches innerhalb des Gesamtkontextes ebenfalls zu einem Ausstellungsobjekt wird. Da die Ausstellung sowohl durch sich selbst und die enthaltene Botschaft effektiv wird als auch eine Geschichte erzählt, durch die Erkenntnisse über das Ausstellungsthema gesammelt werden sollen, kann sie als intrinsisch interessant und instruktiv (Waidacher 2005, 146) eingeordnet werden. Die Vermittlung von Erkenntnissen wird über ein emotionales Erleben erreicht, weshalb die Ausstellung als formativ (ebd.) verstanden werden kann. Zudem handelt es sich um eine kombinierte Ausstellung nach B.F. Charles (147 f.), bei der das Thema selbst das Hauptelemente wird und die Kommunikation für die Erkenntnisgewinnung zentral ist.

6. Fazit

Das Computerspiel *The Stanley Parable* als eine Ausstellung über Videospiele zu betrachten, hat sich als ein interessanter und aufschlussreicher Deutungsansatz bewährt. Ausgehend von der Einordnung des Spiels als Videospiel über Videospiele (Fest 2016, 1), konnte dargelegt werden, das vor allem die selbstreflexiven Momente, in welchen das Spiel sich selbst als Spiel preisgibt, einen Ausstellungscharakter erzeugen. Auch die vorgestellten Kriterien der verschiedenen Ausstellungsformen waren in der Analyse des Spiels als Ausstellung über Videospiele anwendbar. Die These, wonach die begrenzten Entscheidungsfreiheiten in Videospielen zum Hauptthema dieser Ausstellung werden, hat sich als zutreffend erwiesen. Die Darstellung des Museums innerhalb des Computerspiels, welches Elemente und Entwicklungsprozesse des Spiels *The Stanley Parable* ausstellt und ähnlich aufgebaut ist wie der Bürokomplex, in dem Stanley sich in der Erzählung befindet, reflektiert den Ausstellungscharakter des gesamten Spiels. Gleichzeitig kann dieses Level auch als eigenständige Ausstellung verstanden werden, da die Spieler*innen hier tatsächlich interessante Informationen über die Entwicklung des Spiels *The Stanley Parable* erhalten. Durch die konsequente Darstellung dieser Ausstellung als realistisches Museum mit Ausstellungsstücken, die nicht abstrakt oder verfremdet dargestellt werden, rückt der Aspekt der Spielerfahrung hier jedoch stark in den Hintergrund. Diese wird dagegen zentral für die Ausstellungsstücke innerhalb des restliches Spielverlaufs, welche durch selbstreflexive Momente entstehen, die einen Zusammenhang zum Medium Computerspiel herstellen, und als ‚Objekte der mentalen Kultur' nach Scholze (2004, 16) eingeordnet werden können.

Insgesamt zeigen die Entwickler von *The Stanley Parabel*, dass die Konzeption eines Videospiels über Videospiele (Fest 2016, 1) eine gelungene Möglichkeit darstellt, um durch die Erzeugung eines Ausstellungscharakters über die Eigenschaften von Videospielen zu reflektieren und diese auch zielführend zu problematisieren. Eine Ausstellung über Videospiele, die erst im Moment des Spielens selbst erzeugt wird, wird dem Medium Videospiel gerecht und schafft es, auf authentische Art und Weise das spielerische Moment selbst auszustellen.

5. Literaturverzeichnis

Backe, Hans-Joachim und Jan-Noël Thon. 2019. „Playing with Identity. Authors, Narrators, Avatars, and Players in The Stanley Parable and The Beginner's Guide." Diegesis, Interdisziplinäres E-Journal für Erzählforschung Vol. 8, Nr. 2.

Carpenter, Nicole. 2021. „In-game museums are great because all video games are museums." Polygon. 24.01.2021. Aufgerufen am 24.02.2021. https://www.polygon.com/2021/1/24/22244838/video-game-museums-the-last-of-us-miles-morales

Erlemann, Kurt. 2020. Gleichnisse. Theorie – Auslegung – Didaktik. Tübingen: Narr Francke Attempto Verlag GmbH + Co. KG.

Fest, Bradley J. 2016. „Metaproceduralism: The Stanley Parable and the Lagacies of Postmodern Metafiction." Wide Screen Vol. 6, Nr. 1, S. 1-23.

Heesen, Anke te. 2012. Theorien des Museums zur Einführung. Hamburg: Junius.

Hensel, Thomas. 2018. Kunst. In Game Studies, herausgegeben von Benjamin Beil, Thomas Hensel und Andreas Rauscher, S. 379-388. Wiesbaden: Springer Fachmedien.

Hensel, Thomas. 2017. Computer und Museum, oder: Was passiert, wenn ein Juggernaut Laokoon trifft? In Im Spielrausch. Streifzüge durch die Welten des Theaters und des Computerspiels, herausgegeben von Benjamin Beil, Philipp Bojahr und T. Sofie Taubert, S. 89-96. Glückstadt: Verlag Werner Hülsbusch.

Koning, Derkjan. 2014. Videogames and the museum. Liberal Arts and Sciences Bachelor Thesis, dr. K.J. Brown. Tilburg University.

Lepp, Nicola. 2012. Ungewissheiten – Wissens(v)ermittlung im Medium Ausstellung. In: Das Museum als Lern- und Erfahrungsraum: Grundlagen und Praxisbeispiele, herausgegeben von Gisela Stape, S. 60-65. Wien, Köln, Weimar: Böhlau Verlag.

Modena, Elisabetta. 2019. „Museums in video games. Video games in museums." piano b. Arti e culture visive, Sulle tracce del museo Vol 4 (1) 2019. S. 83-105.

Naskali, Tiia, Petri Saarikoski, und Jaakko Suominen. 2013. The Introduction of Computer and Video Games in Museums – Experiences and Possibilities. In IFIP Advances in Information and Communication Technology, International Conference on History of Computing (HC), S. 226-245. HAL CCSD: Springer.

Neitzel, Britta. 2008. Medienrezeption und Spiel. In Game Over!? Perspektiven des Computerspiels, herausgegeben von Jan Distelmeyer, Christine Hanke und Dieter Mersch, S. 95-114. Bielefeld: transcript Verlag.

Pomian, Krzysztof. 2001 [1987]. Der Ursprung des Museums. Vom Sammeln. Berlin: Verlag Klaus Wagenbach.

Sachs, Angeli. 2017. *Einleitung*. In *Ausstellen und Vermitteln im Museum der Gegenwart*, herausgegeben von Carmen Mörsch, Angeli Sachs und Thomas Sieberer, S. 15-18. Bielefeld: transcript Verlag.

Scholze, Jana. 2004. *Medium Ausstellung. Lektüren musealer Gestaltung in Oxford, Leipzig, Amsterdam und Berlin*. Bielefeld: transcript Verlag.

Schwan, Stefan. 2012. *Lernpsychologische Grundlagen zum Wissenserwerb im Museum*. In *Das Museum als Lern- und Erfahrungsraum. Grundlagen und Praxisbeispiele, Schriften des Deutschen Hygiene-Museums Dresden*, Band 10, herausgegeben von Gisela Staupe, S. 46-50. Wien, Köln, Weimar: Böhlau Verlag.

Staupe, Gisela. 2012. *Einführung: Museen – Orte des Sehens und des Lernens, der Musse und der Bildung*. In *Das Museum als Lern- und Erfahrungsraum. Grundlagen und Praxisbeispiele, Schriften des Deutschen Hygiene-Museums Dresden*, Band 10, herausgegeben von Gisela Staupe, S. 7-16. Wien, Köln, Weimar: Böhlau Verlag.

Stuckey, Helen et al. 2015. „What retrogamers can teach the museum." *MWA2015: Museums and the Web Asia*. 15.08. 2015. Melbourne, Victoria. Aufgerufen am 24.02.2021. https://mwa2015.museumsandtheweb.com/paper/what-retrogamers-can-teach-the-museum/

Thiemeyer, Thomas. 2012. *Die Sprache der Dinge – Museumsobjekte zwischen Zeichen und Erscheinung*. In *Das Museum als Lern- und Erfahrungsraum. Grundlagen und Praxisbeispiele, Schriften des Deutschen Hygiene-Museums Dresden*, Band 10, herausgegeben von Gisela Staupe, S. 51-59. Wien, Köln, Weimar: Böhlau Verlag.

Vieregg, Hildegard Katharina. 2006. *Museumswissenschaften. Eine Einführung*. Paderborn: Wilhelm Fink Verlag.

Waidacher, Friedrich. 2005. *Museologie – knapp gefasst*. Wien, Köln, Weimar: Böhlau Verlag.

6. Medienverzeichnis

The Stanley Parable. 2013. Davey Wreden, William Pugh. Steam. USA, Galactic Gafé.

7. Anhang

<u>Abbildung 1</u>

The Stanley Parable. 2013. Davey Wreden, William Pugh. Steam. USA, Galactic Gafé.

<u>Abbildung 2</u>

The Stanley Parable. 2013. Davey Wreden, William Pugh. Steam. USA, Galactic Gafé.

Abbildung 3

The Stanley Parable. 2013. Davey Wreden, William Pugh. Steam. USA, Galactic Gafé.

Abbildung 4

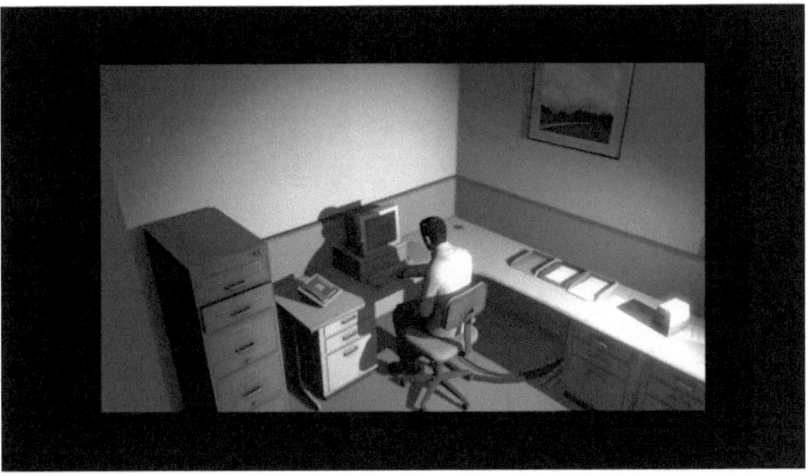

The Stanley Parable. 2013. Davey Wreden, William Pugh. Steam. USA, Galactic Gafé.